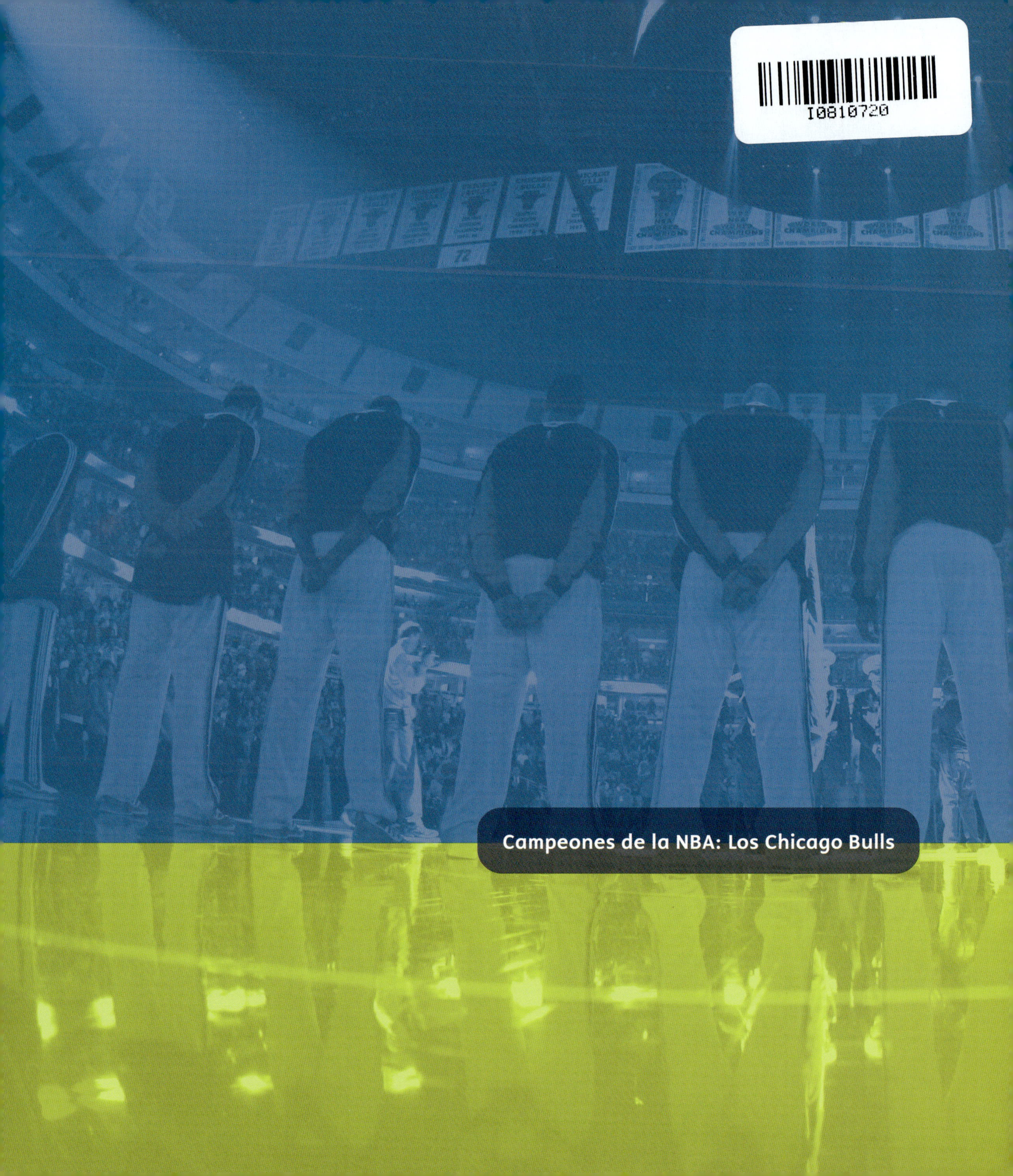

Campeones de la NBA: Los Chicago Bulls

El escolta Dennis Rodman

CAMPEONES DE LA NBA

LOS CHICAGO BULLS

JOE TISCHLER

CREATIVE EDUCATION / CREATIVE PAPERBACKS

CREATIVE SPORTS

El escolta Luol Deng

Publicado por Creative Education y Creative Paperbacks
P.O. Box 227, Mankato, Minnesota 56002
Creative Education y Creative Paperbacks son sellos de
The Creative Company
www.thecreativecompany.us

Dirección artística de Tom Morgan
Producción del libro por Graham Morgan
Editado por Grace Cain

Imágenes de Associated Press/Fred Waters, 12; Getty Images/Andrew D. Bernstein, 2, Carl Skalak, 15, Fernando Medina, 5, Focus on Sport, 3, Jamie Sabau, 20, Joe Murphy, 1, John Iacono, 24, Kevin C. Cox, portada, Layne Murdoch, 4, Nathaniel S. Butler, 16, 19, Rick Stewart, portada, 6, Scott Olson, 9, Stacy Revere, 10; Newscom/Brian Kersey, 7

Library of Congress Cataloging-in-Publication Data
Names: Tischler, Joe, author.
Title: Los Chicago Bulls / by Joe Tischler.
Other titles: Chicago Bulls. Spanish
Description: Mankato, Minnesota : Creative Education and Creative Paperbacks, [2025] | Series: Creative sports. Campeones de la NBA | Audience: Ages 7-10 years | Audience: Grades 2-3 | Summary: "Elementary-level text translated into North American Spanish and dynamic sports photos highlight the NBA championship wins of the Chicago Bulls, plus sensational players associated with the professional basketball team such as Coby White"-- Provided by publisher.
Identifiers: LCCN 2024023409 (print) | LCCN 2024023410 (ebook) | ISBN 9798889898122 (lib. bdg.) | ISBN 9781682778715 (paperback) | ISBN 9798889898320 (ebook)
Subjects: LCSH: Chicago Bulls (Basketball team)--Juvenile literature. | Basketball--Illinois--Chicago--History--Juvenile literature.
Classification: LCC GV885.52.C45 T5718 2025 (print) | LCC GV885.52.C45 (ebook) | DDC 796.323/640977311--dc23/eng/20240703

Impreso en China

El base Derrick Rose

El escolta Michael Jordan

ÍNDICE

Hogar de los Bulls

Chicago (Illinois) es la tercera ciudad más grande de los Estados Unidos. Se asienta a orillas del lago Michigan. A menudo se la llama "La Ciudad del Viento". La ciudad alberga un **estadio** llamado United Center. Es el hogar de un equipo de baloncesto llamado los Bulls.

El alero Jimmy Butler

Los Chicago Bulls son un equipo de la Asociación Nacional de Baloncesto (NBA). Juegan en la División Central. Forma parte de la Conferencia Este. Sus **rivales** son los Detroit Pistons y los Cleveland Cavaliers. Todos los equipos de la NBA quieren ganar las Finales de la NBA y proclamarse campeones. Los Bulls lo han conseguido seis veces.

Los Chicago Bulls de 1967

Nombrando a de los Bulls

Chicago era conocida por su industria cárnica. El nuevo propietario del equipo quería un nombre que lo reconociera. Algunas de sus ideas para nombrar al equipo eran los Toreadors y los Matadors. Su hijo dijo: "Esos son tonterías". Así nació el nuevo nombre del equipo.

Historia de los Bulls

Los Bulls empezaron a jugar en 1966. Tuvieron cierto éxito al principio. Llegaron a las eliminatorias en ocho de sus primeras nueve temporadas. Jerry Sloan y Chet Walker eran líderes clave. Anotaban muchos puntos. Los dos están en el Salón de la Fama.

El equipo pasó por momentos difíciles. Sólo llegaron a las eliminatorias dos veces en nueve años. El Draft de la NBA de 1984 cambió su historia para siempre. Con el tercer puesto, los Bulls eligieron a Michael Jordan. Se convirtió en uno de los mejores jugadores de la NBA.

El escolta Michael Jordan

El alero Toni Kukoč

Jordan era hábil en ambos extremos de la cancha. Lideró la liga en anotación en 10 ocasiones. Y formó parte del equipo defensivo de la NBA en nueve ocasiones. Fue nombrado **Jugador Más Valioso (MVP)** de la NBA cinco veces. Es el segundo mejor de todos los tiempos.

Phil Jackson se convirtió en entrenador en 1989. Ayudó a construir un equipo campeón. Chicago ganó su primer **título** de la NBA en 1991. También ganaron el campeonato los dos años siguientes. Se llamó un "three-peat". Los Bulls realizaron otro "three-peat" de títulos entre 1996 y 1998.

Otras estrellas de los Bulls

Scottie Pippen fue uno de los compañeros de equipo más importantes de Jordan. Estuvo en los seis equipos de los Bulls que ganaron títulos. Fue **All-Star** siete veces. Dennis Rodman podía conseguir muchos **rebotes**. También Horace Grant.

El escolta Scottie Pippen

El escolta Zach LaVine

Derrick Rose era un gran base. Anotaba muchos puntos y daba muchas **asistencias**. Ganó un premio MVP de la NBA. Rose fue compañero de equipo de Jimmy Butler y Joakim Noah. Ayudaron a los Bulls a ganar muchos partidos.

Zach LaVine y DeMar DeRozan lideran a los Bulls en la actualidad. Los aficionados de los Bulls esperan que pronto puedan ayudar a traer otro campeonato a Chicago.

Acerca de los Bulls

Primera temporada: 1966-67

Conferencia/división:
Conferencia Este, División Central

Colores del equipo: rojo y negro

Estadio local: United Center

CAMPEONATOS DE LA NBA:

1991, 4 partidos a 1 sobre
Los Angeles Lakers

1992, 4 partidos a 2 sobre
los Portland Trail Blazers

1993, 4 partidos a 2 sobre
los Phoenix Suns

1996, 4 partidos a 2 sobre
los Seattle SuperSonics

1997, 4 partidos a 2 sobre
el Utah Jazz

1998, 4 partidos a 2 sobre
el Utah Jazz

PÁGINA WEB DEL EQUIPO:

https://www.nba.com/bulls/

Glosario

All-Star-jugador elegido para jugar en el partido All-Star, en el que participan las principales estrellas de la temporada

asistencia-un pase de baloncesto que conduce a una canasta

estadio-un edificio grande con asientos para espectadores, donde se celebran partidos deportivos y eventos de entretenimiento

Jugador Más Valioso (MVP)-un honor otorgado al mejor jugador de la temporada

rebote-recuperar el balón tras un tiro fallado

rival-un equipo que juega más duro contra otro equipo

título-otra palabra para campeonato

El escolta Jerry Sloan

Índice